LOI DU 9 AVRIL 1898

CONCERNANT LES

RESPONSABILITÉS DES ACCIDENTS

DONT LES OUVRIERS

SONT VICTIMES DANS LEUR TRAVAIL

INSTRUCTION PROVISOIRE D

POUR

L'APPLICATION DANS LES ÉTABLISSEMENTS MILITAIRES

DE LA LOI CI-DESSUS

PARIS

Henri CHARLES-LAVAUZELLE

Éditeur militaire

10, Rue Danton, Boulevard Saint-Germain, 118

(MÊME MAISON A LIMOGES)

LOI DU 9 AVRIL 1898

CONCERNANT LES

RESPONSABILITÉS DES ACCIDENTS

dont les ouvriers sont victimes dans leur travail

INSTRUCTION PROVISOIRE D

POUR

L'APPLICATION DANS LES ÉTABLISSEMENTS MILITAIRES

DE LA LOI CI-DESSUS

LOI DU 9 AVRIL 1898

CONCERNANT LES

RESPONSABILITÉS DES ACCIDENTS

DONT LES OUVRIERS

SONT VICTIMES DANS LEUR TRAVAIL

INSTRUCTION PROVISOIRE D

POUR

L'APPLICATION DANS LES ÉTABLISSEMENTS MILITAIRES

DE LA LOI CI-DESSUS

PARIS

Henri CHARLES-LAVAUZELLE

Éditeur militaire

10, Rue Danton, Boulevard Saint-Germain, 118

(MÊME MAISON A LIMOGES)

LOI DU 9 AVRIL 1898

CONCERNANT LES

RESPONSABILITÉS DES ACCIDENTS

DONT LES OUVRIERS SONT VICTIMES DANS LEUR TRAVAIL

LE SÉNAT ET LA CHAMBRE DES DÉPUTÉS ONT ADOPTÉ,

LE PRÉSIDENT DE LA RÉPUBLIQUE PROMULGUE LA LOI dont la teneur suit :

TITRE Ier.

INDEMNITÉS EN CAS D'ACCIDENTS.

Art. 1er. Les accidents survenus par le fait du travail, ou à l'occasion du travail, aux ouvriers et employés occupés dans l'industrie du bâtiment, les usines, manufactures, chantiers, les entreprises de transport par terre et par eau, de chargement et de déchargement, les magasins publics, mines, minières, carrières et, en outre, dans toute exploitation ou partie d'exploitation dans laquelle sont fabriquées ou mises en œuvre des matières explosives, ou dans laquelle il est fait usage d'une machine mue par une force autre que celle de l'homme ou des animaux, donnent droit, au profit de la victime ou de ses représentants, à une indemnité à la charge du chef d'entreprise, à la condition que l'interruption de travail ait duré plus de quatre jours.

Les ouvriers qui travaillent seuls d'ordinaire ne pourront être assujettis à la présente loi par le fait de la collaboration accidentelle d'un ou de plusieurs de leurs camarades.

Art. 2. Les ouvriers et employés désignés à l'article précédent ne peuvent se prévaloir, à raison des accidents dont ils sont victimes dans leur travail, d'aucunes dispositions autres que celles de la présente loi.

Ceux dont le salaire annuel dépasse deux mille quatre cents francs (2.400 fr.) ne bénéficient de ces dispositions que jusqu'à concurrence de cette somme. Pour le surplus, ils n'ont droit qu'au quart des rentes ou indemnités stipulées à l'article 3, à moins de conventions contraires quant au chiffre de la quotité.

Art. 3. Dans les cas prévus à l'article 1er, l'ouvrier ou l'employé a droit :

Pour l'incapacité absolue et permanente, à une rente égale à deux tiers de son salaire annuel :

Pour l'incapacité partielle et permanente, à une rente égale à la moitié de la réduction que l'accident aura fait subir au salaire ;

Pour l'incapacité temporaire, à une indemnité journalière égale à la moitié du salaire touché au moment de l'accident, si l'incapacité de travail a duré plus de quatre jours et à partir du cinquième jour.

Lorsque l'accident est suivi de mort, une pension est servie aux personnes ci-après désignées, à partir du décès, dans les conditions suivantes :

a) Une rente viagère égale à 20 p. 100 du salaire annuel de la victime pour le conjoint survivant non divorcé ou séparé de corps, à la condition que le mariage ait été contracté antérieurement à l'accident.

En cas de nouveau mariage, le conjoint cesse d'avoir droit à la rente mentionnée ci-dessus ; il lui sera alloué, dans ce cas, le triple de cette rente à titre d'indemnité totale.

b) Pour les enfants, légitimes ou naturels, reconnus avant l'accident, orphelins de père ou de mère, âgés de moins de seize ans, une rente calculée sur le salaire annuel de la victime à raison de 15 p. 100 de ce salaire s'il n'y a qu'un enfant, de 25 p. 100 s'il y en a deux, de 35 p. 100 s'il y en a trois, et 40 p. 100 s'il y en a quatre ou un plus grand nombre.

Pour les enfants, orphelins de père et de mère, la rente est portée pour chacun d'eux à 20 p. 100 du salaire.

L'ensemble de ces rentes ne peut, dans le premier cas, dépasser 40 p. 100 du salaire ni 60 p. 100 dans le second.

c) Si la victime n'a ni conjoint ni enfant dans les termes des paragraphes A et B, chacun des ascendants et descendants qui était à sa charge recevra une rente viagère pour les ascendants et payable jusqu'à 16 ans pour les descendants. Cette rente sera égale à 10 p. 100 du salaire annuel de la victime, sans que le montant total des rentes ainsi allouées puisse dépasser 30 p. 100.

Chacune des rentes prévues par le paragraphe C est, le cas échéant, réduite proportionnellement.

Les rentes constituées en vertu de la présente loi sont payables par trimestre ; elles sont incessibles et insaisissables.

Les ouvriers étrangers, victimes d'accidents, qui cesseront de résider sur le territoire français recevront, pour toute indemnité, un capital égal à trois fois la rente qui leur avait été allouée.

Les représentants d'un ouvrier étranger ne recevront aucune indemnité si, au moment de l'accident, ils ne résidaient pas sur le territoire français.

Art. 4. Le chef d'entreprise supporte en outre les frais médicaux et pharmaceutiques et les frais funéraires. Ces derniers sont évalués à la somme de cent francs (100 fr.) au maximum.

Quant aux frais médicaux et pharmaceutiques, si la victime a fait choix elle-même de son médecin, le chef d'entreprise ne peut être tenu que jusqu'à concurrence de la somme fixée par le juge de paix du canton, conformément aux tarifs adoptés dans chaque département pour l'assistance médicale gratuite.

Art. 5. Les chefs d'entreprise peuvent se décharger, pendant les trente, soixante ou quatre-vingt-dix premiers jours à partir de l'accident, de l'obligation de payer aux victimes les frais de maladie et l'indemnité temporaire, ou une partie seulement de cette indemnité, comme il est spécifié ci-après, s'ils justifient :

1º Qu'ils ont affilié leurs ouvriers à des sociétés de secours mutuels et pris à leur charge une quote-part de la cotisation qui aura été déterminée d'un commun accord, et en se conformant aux statuts-type approuvés par le Ministre compétent, mais qui ne devra pas être inférieure au tiers de cette cotisation;

2º Que ces sociétés assurent à leurs membres, en cas de blessures, pendant trente, soixante ou quatre-vingt-dix jours, les soins médicaux et pharmaceutiques et une indemnité journalière.

Si l'indemnité journalière servie par la société est inférieure à la moitié du salaire quotidien de la victime, le chef d'entreprise est tenu de lui verser la différence.

Art. 6. Les exploitants de mines, minières et carrières peuvent se décharger des frais et indemnités mentionnés à l'article précédent moyennant une subvention annuelle versée aux caisses ou sociétés de secours constituées dans ces entreprises en vertu de la loi du 29 juin 1894.

Le montant et les conditions de cette subvention devront être acceptés par la société et approuvés par le Ministre des travaux publics.

Ces deux dispositions seront applicables à tous autres chefs d'industrie qui auront créé en faveur de leurs ouvriers des caisses particulières de secours en conformité du titre III de la loi du 29 juin 1894. L'approbation prévue ci-dessus sera, en ce qui les concerne, donnée par le Ministre du commerce et de l'industrie.

Art. 7. Indépendamment de l'action résultant de la présente loi, la victime ou ses représentants conservent, contre les auteurs de l'accident autres que le patron ou ses ouvriers et préposés, le droit de réclamer la réparation du préjudice causé, conformément aux règles du droit commun.

L'indemnité qui leur sera allouée exonérera à due concurrence le chef d'entreprise des obligations mises à sa charge.

Cette action contre les tiers responsables pourra même être exercée par le chef d'entreprise, à ses risques et périls, au lieu et place de la victime ou de ses ayants droit, si ceux-ci négligent d'en faire usage.

Art. 8. Le salaire qui servira de base à la fixation de l'indemnité allouée à l'ouvrier âgé de moins de 16 ans ou à l'apprenti victime d'un accident ne sera pas inférieur au salaire le plus bas des ouvriers valides de la même catégorie occupés dans l'entreprise.

Toutefois, dans le cas d'incapacité temporaire, l'indemnité de l'ouvrier âgé de moins de seize ans ne pourra pas dépasser le montant de son salaire.

Art. 9. Lors du règlement définitif de la rente viagère, après le délai de revision prévu à l'article 19, la victime peut demander que le quart au plus du capital nécessaire à l'établissement de cette rente, calculé d'après les tarifs dressés pour les victimes d'accidents par la caisse des retraites pour la vieillesse, lui soit attribué en espèces.

Elle peut aussi demander que ce capital, ou ce capital réduit du quart au plus comme il vient d'être dit, serve à constituer sur sa tête une rente viagère réversible, pour moitié au plus, sur la tête de son conjoint. Dans ce cas, la rente viagère sera diminuée de façon qu'il ne résulte de la réversibilité aucune augmentation de charges pour le chef d'entreprise.

Le tribunal, en chambre de conseil, statuera sur ces demandes.

Art. 10. Le salaire servant de base à la fixation des rentes s'entend, pour l'ouvrier occupé dans l'entreprise pendant les douze mois écoulés avant l'accident, de la rémunération effective qui lui a été allouée pendant ce temps, soit en argent, soit en nature.

Pour les ouvriers occupés pendant moins de douze mois avant l'accident, il doit s'entendre de la rémunération effective qu'ils ont reçue depuis leur entrée dans l'entreprise, augmentée de la rémunération moyenne qu'ont reçue, pendant la période nécessaire pour compléter les douze mois, les ouvriers de la même catégorie.

Si le travail n'est pas continu, le salaire annuel est calculé tant d'après la rémunération reçue pendant la période d'activité que d'après le gain de l'ouvrier pendant le reste de l'année.

TITRE II.

DÉCLARATION DES ACCIDENTS ET ENQUÊTE.

Art. 11. Tout accident ayant occasionné une incapacité de travail doit être déclaré, dans les quarante-huit heures, par le chef d'entreprise ou ses préposés, au maire de la commune, qui en dresse procès-verbal.

Cette déclaration doit contenir les noms et adresse des témoins de l'accident. Il y est joint un certificat de médecin indiquant l'état de la victime, les suites probables de l'accident et l'époque à laquelle il sera possible d'en connaitre le résultat définitif.

La même déclaration pourra être faite par la victime ou ses représentants.

Récépissé de la déclaration et du certificat du médecin est remis par le maire au déclarant.

Avis de l'accident est donné immédiatement par le maire à l'inspecteur divisionnaire ou départemental du travail ou à l'ingénieur ordinaire des mines chargé de la surveillance de l'entreprise.

L'article 15 de la loi du 2 novembre 1892 et l'article 11 de la loi du 12 juin 1893 cessent d'être applicables dans les cas visés par la présente loi.

Art. 12. Lorsque, d'après le certificat médical, la blessure parait devoir entrainer la mort ou une incapacité permanente absolue ou partielle de travail, le maire transmet immédiatement copie de la déclaration et le certificat médical au juge de paix du canton où l'accident s'est produit.

Dans les vingt-quatre heures de la réception de cet avis, le juge de paix procède à une enquête à l'effet de rechercher:

1º La cause, la nature et les circonstances de l'accident;

2º Les personnes victimes et le lieu où elles se trouvent;

3º La nature des lésions;

4º Les ayants droit pouvant, le cas échéant, prétendre à une indemnité;

5º Le salaire quotidien et le salaire annuel des victimes.

Art. 13. L'enquête a lieu contradictoirement dans les formes prescrites par les articles 35, 36, 37, 38 et 39 du Code de procédure civile, en présence des parties intéressées ou celles-ci convoquées d'urgence par lettre recommandée.

Le juge de paix doit se transporter auprès de la victime de l'accident qui se trouve dans l'impossibilité d'assister à l'enquête.

Lorsque le certificat médical ne lui paraitra pas suffisant le juge de paix pourra désigner un médecin pour examiner le blessé.

Il peut aussi commettre un expert pour l'assister dans l'enquête.

Il n'y a pas lieu, toutefois, à nomination d'expert dans les entreprises administrativement surveillées, ni dans celles de l'Etat placées sous le contrôle d'un service distinct du service de gestion, ni dans les établissements nationaux où s'effectuent des travaux que la sécurité publique oblige à tenir secrets. Dans ces divers cas, les fonctionnaires chargés de la surveillance ou du contrôle de ces établissements ou entreprises et, en ce qui concerne les exploitations minières, les délégués à la sécurité des ouvriers mineurs transmettent au juge de paix, pour être joint au procès-verbal d'enquête, un exemplaire de leur rapport.

Sauf les cas d'impossibilité matérielle dûment constatés dans le procès-verbal, l'enquête doit être close dans le plus bref délai et, au plus tard, dans les dix jours à partir de l'accident. Le juge de paix avertit, par lettre recommandée, les parties de la clôture de l'enquête et du dépôt de la minute au greffe, où elles pourront, pendant un délai de cinq jours, en prendre connaissance et s'en faire délivrer une expédition affranchie du timbre et de l'enregistrement. A l'expiration de ce délai de cinq jours, le dossier de l'enquête est transmis au président du tribunal civil de l'arrondissement.

Art. 14. Sont punis d'une amende de un à quinze francs (1 à 15 fr.) les chefs d'industrie ou leurs préposés qui ont contrevenu aux dispositions de l'article 11.

En cas de récidive dans l'année, l'amende peut être élevée de seize à trois cents francs (16 à 300 fr.)

L'article 463 du Code pénal est applicable aux contraventions prévues par le présent article.

TITRE III.

COMPÉTENCE. — JURIDICTION. — PROCÉDURE. — REVISION.

Art. 15. Les contestations entre les victimes d'accidents et les chefs d'entreprise, relatives aux frais funéraires, aux frais de maladie ou aux indemnités temporaires, sont jugées en dernier ressort par le juge de paix du canton où l'accident s'est produit, à quelque chiffre que la demande puisse s'élever.

Art. 16. En ce qui touche les autres indemnités prévues par la présente loi, le président du tribunal de l'arrondissement convoque, dans les cinq jours, à partir de la transmission du dossier, la victime ou ses ayants droit et le chef d'entreprise, qui peut se faire représenter.

S'il y a accord des partis intéressées, l'indemnité est définitivement fixée par l'ordonnance du président, qui donne acte de cet accord.

. Si l'accord n'a pas lieu, l'affaire est renvoyée devant le tribunal, qui statue comme en matière sommaire, conformément au titre XXIV du livre II du Code de procédure civile.

Si la cause n'est pas en état, le tribunal sursoit à statuer et l'indemnité temporaire continuera à être servie jusqu'à la décision définive.

Le tribunal pourra condamner le chef d'entreprise à payer une provision; sa décision sur ce point sera exécutoire nonobstant appel.

Art. 17. Les jugements rendus en vertu de la présente loi sont susceptibles d'appel selon les règles du droit commun. Toutefois, l'appel devra être interjeté dans les quinze jours de la date du jugement s'il est contradictoire et, s'il est par défaut, dans la quinzaine à partir du jour où l'opposition ne sera plus recevable.

L'opposition ne sera plus recevable en cas de jugement par défaut contre partie, lorsque le jugement aura été signifié à personne, passé le délai de quinze jours à partir de cette signification.

La cour statuera d'urgence dans le mois de l'acte d'appel. Les parties pourront se pourvoir en cassation.

Art. 18. L'action en indemnité prévue par la présente loi se prescrit par un an à dater du jour de l'accident.

Art. 19. La demande en revision de l'indemnité fondée sur une aggravation ou une atténuation de l'infirmité de la vitime ou son décès par suite des conséquences de l'accident, est ouverte pendant trois ans à dater de l'accord intervenu entre les parties ou de la décision définitive.

Le titre de pension n'est remis à la victime qu'à l'expiration des trois ans.

Art. 20. Aucune des indemnités déterminées par la présente loi ne peut être attribuée à la victime qui a intentionnellement provoqué l'accident.

Le tribunal a le droit, s'il est prouvé que l'accident est dû à une faute inexcusable de l'ouvrier, de diminuer la pension fixée au titre Ier.

Lorsqu'il est prouvé que l'accident est dû à la faute inexcusable du patron ou de ceux qu'il s'est substitué dans la direction, l'indemnité pourra être majorée, mais sans que la rente ou le total des rentes allouées puisse dépasser soit la réduction, soit le montant du salaire annuel.

Art. 21. Les parties peuvent toujours, après détermination du chiffre de l'indemnité due à la victime de l'accident, décider que le service de la pension sera suspendu et remplacé, tant que l'accord subsistera, par tout autre mode de réparation.

Sauf dans le cas prévu à l'article 3, paragraphe A, la pension ne pourra être remplacée par le payement d'un capital que si elle n'est pas supérieure à 100 francs.

Art. 22. Le bénéfice de l'assistance judiciaire est accordé de plein droit, sur le visa du procureur de la République, à la victime de l'accident ou à ses ayants droit, devant le tribunal.

A cet effet, le président du tribunal adresse au procureur de la République, dans les trois jours de la comparution des parties prévue par l'article 16, un extrait de son procès-verbal de non-conciliation: il y joint les pièces de l'affaire.

Le procureur de la République procède comme il est prescrit à l'article 13 (paragraphe 2 et suivants) de la loi du 22 janvier 1851.

Le bénéfice de l'assistance judiciaire s'étend de plein droit aux instances devant le juge de paix, à tous les actes d'exécution mobilière et immobilière, et à toute contestation incidente à l'exécution des décisions judiciaires.

TITRE IV.

GARANTIES.

Art. 23. La créance de la victime de l'accident ou de ses ayants droit relative aux frais médicaux, pharmaceutiques et funéraires, ainsi qu'aux indemnités allouées à la suite de l'incapacité temporaire de travail, est garantie par le privilège de l'article 2101 du Code civil et y sera inscrite sous le n° 6.

Le payement des indemnités pour incapacité permanente de travail ou accidents suivis de mort est garanti conformément aux dispositions des articles suivants.

Art. 24. A défaut, soit par les chefs d'entreprise débiteurs, soit par les sociétés d'assurances à primes fixes ou mutuelles, ou les syndicats de garantie liant solidairement tous leurs adhérents, de s'acquitter, au moment de leur exigibilité, des indemnités mises à leur charge à la suite d'accidents ayant entraîné la mort ou une incapacité permanente de travail, le payement en sera assuré aux intéressés par les soins de la caisse nationale des retraites pour la vieillesse, au moyen d'un fond spécial de garantie constitué comme il va être dit et dont la gestion sera confiée à ladite caisse.

Art. 25. Pour la constitution du fonds spécial de garantie, il sera ajouté au principal de la contribution des patentes des industriels visés par l'article 1er, quatre centimes (0 fr. 04) additionnels. Il sera perçu sur les mines une taxe de cinq centimes (0 fr. 05) par hectare concédé.

Ces taxes pourront, suivant les besoins, être majorées ou réduites par la loi de finances.

Art. 26. La caisse nationale de retraites exercera un recours contre les chefs d'entreprise débiteurs pour le compte desquels ces sommes auront été payées par elle, conformément aux dispotions qui précèdent.

En cas d'assurance du chef d'entreprise, elle jouira, pour le remboursement de ses avances, du privilège de l'article 2102 du Code civil sur l'indemnité due par l'assureur et n'aura plus de recours contre le chef d'entreprise.

Un règlement d'administration publique déterminera les conditions d'organisation et de fonctionnement du service conféré par les dispositions précédentes à la caisse nationale des retraites et, notamment, les formes du recours à exercer contre les chefs d'entreprise débiteurs ou les sociétés d'assurances et les syndicats de garantie, ainsi que les conditions dans lesquelles les victimes d'accidents ou leurs ayants droit seront admis à réclamer à la caisse le paiement de leurs indemnités.

Les décisions judiciaires n'emporteront hypothèque que si elles sont rendues au profit de la caisse des retraites exerçant son recours contre les chefs d'entreprise ou les compagnies d'assurances.

Art. 27. Les compagnies d'assurances mutuelles ou à primes fixes contre les accidents, françaises ou étrangères, sont soumises à la surveillance et au contrôle de l'Etat et astreintes à constituer des réserves ou cautionnements dans les conditions déterminées par un règlement d'administration publique.

Le montant des réserves ou cautionnements sera affecté par privilège au payement des pensions et indemnités.

Les syndicats de garantie seront soumis à la même surveillance, et un règlement d'administration publique déterminera les conditions de leur création et de leur fonctionnement.

Les frais de toute nature résultant de la surveillance et du contrôle seront couverts au moyen de contributions proportionnelles au montant des réserves ou cautionnements, et fixés annuellement, pour chaque compagnie ou association, par arrêté du Ministre du commerce.

Art. 28. Le versement du capital représentatif des pensions allouées en vertu de la présente loi ne peut être exigé des débiteurs.

Toutefois, les débiteurs qui désireront se libérer en une fois pourront verser le capital représentatif de ces pensions à la caisse nationale des retraites, qui établira à cet effet, dans les six mois de la promulgation de la présente loi, un tarif tenant compte de la mortalité des victimes d'accidents et de leurs ayants droit.

Lorsqu'un chef d'entreprise cesse son industrie, soit volontairement, soit par décès, liquidation judiciaire ou faillite, soit par cession d'établissement, le capital représentatif des pensions à sa charge devient exigible de plein droit et sera versé à la caisse nationale des retraites. Ce capital sera déterminé, au jour de son exigibilité, d'après le tarif visé au paragraphe précédent.

Toutefois, le chef d'entreprise ou ses ayants droit peuvent être exonérés du versement de ce capital, s'ils fournissent des garanties qui seront à déterminer par un règlement d'administration publique.

TITRE V.

DISPOSITIONS GÉNÉRALES.

Art. 29. Les procès-verbaux, certificats, actes de notoriété, significations, jugements et autres actes faits ou rendus en vertu et pour l'exécution de la présente loi, sont délivrés gratuitement, visés pour timbre et enregistrés gratis lorsqu'il y a lieu à la formalité de l'enregistrement.

Dans les six mois de la promulgation de la présente loi, un décret déterminera les émoluments des greffiers de justice de paix pour leur assistance et la rédaction des actes de notoriété, procès-verbaux, certificats, significations, jugements, envois de lettres recommandées, extraits, dépôts de la minute d'enquête au greffe, et pour tous les actes nécessités par l'application de la présente loi, ainsi que les frais de transport auprès des victimes et d'enquête sur place.

Art. 30. Toute convention contraire à la présente loi est nulle de plein droit.

Art. 31. Les chefs d'entreprise sont tenus, sous peine d'une amende de un à quinze francs (1 à 15 fr.), de faire afficher dans chaque atelier la présente loi et les règlements d'administration relatifs à son exécution.

En cas de récidive dans la même année, l'amende sera de seize à cent francs (16 à 100 fr.).

Les infractions aux dispositions des articles 11 et 31 pourront être constatées par les inspecteurs du travail.

Art. 32. Il n'est point dérogé aux lois, ordonnances et règlements concernant les pensions des ouvriers, apprentis et journaliers appartenant aux ateliers de la marine, et celles des ouvriers immatriculés des manufactures d'armes dépendant du ministère de la guerre.

Art. 33. La présente loi ne sera applicable que trois mois après la publication officielle des décrets d'administration publique qui doivent en régler l'exécution.

Art. 34. Un règlement d'administration publique déterminera les conditions dans lesquelles la présente loi pourra être appliquée à l'Algérie et aux colonies.

La présente loi, délibérée et adoptée par le Sénat et par la Chambre des députés, sera exécutée comme loi de l'Etat.

Fait à Paris, le 9 avril 1898.

FÉLIX FAURE.

Par le Président de la République :

Le Ministre du commerce, de l'industrie,
des postes et des télégraphes,
Henry BOUCHER.

Le Ministre de l'intérieur,
Louis BARTHOU.

Le Ministre des travaux publics,
A. TURREL.

Le Garde des sceaux,
Ministre de la justice et des cultes,
V. MILLIARD.

INSTRUCTION PROVISOIRE D

ÉTABLISSEMENTS MILITAIRES

DE LA LOI DU 9 AVRIL 1898 SUR LES ACCIDENTS
DONT LES OUVRIERS SONT VICTIMES DANS LEUR TRAVAIL

TITRE Ier.

CONSIDÉRATIONS GÉNÉRALES.

Art. 1er. La loi du 9 avril 1898, sur les accidents dont les ouvriers sont victimes dans leur travail, s'applique à tous les ouvriers embauchés et rétribués directement, à un titre quelconque, par l'administration de la guerre, tant dans les arsenaux et ateliers que dans les magasins administratifs et les chantiers de travaux en régie, alors même qu'ils ne seraient pas admis aux bénéfices du décret du 26 février 1897. Dans les Écoles militaires, elle ne s'appliquera qu'aux ouvriers de profession proprement dits et garçons de laboratoire, à l'exclusion des commis, plantons, garçons de salle et employés analogues.

Conformément à l'article 32 de la loi, il n'est point dérogé aux lois et règlements concernant les pensions des ouvriers immatriculés des manufactures d'armes, ou du personnel soumis au régime de la loi du 8 juin 1853 sur les pensions civiles.

La présente instruction ne s'applique donc pas aux accidents dont ce personnel pourrait être victime.

Art. 2. La loi s'applique seulement *à l'accident* survenu par le fait du travail ou à l'occasion du travail, c'est-à-dire à la conséquence soudaine et manifeste d'un événement imprévu et non à l'évolution lente d'une maladie ou infirmité dont la cause pourrait être attribuée, avec plus ou moins de certitude, aux fatigues et circonstances du service. C'est donc seulement en cas d'accident que les chefs d'établissement (1) devront se conformer aux dispositions de la présente instruction.

Le législateur a intentionnellement écarté de la loi nouvelle les maladies dites professionnelles. Si, dans certains cas exceptionnels, les chefs d'établissement croient devoir invoquer en faveur d'un ouvrier une maladie manifestement contractée dans le travail ou à l'occasion du travail, ils devront la faire constater dans les formes prévues par les articles 4 et 13 de la présente instruction et en référer au Ministre, à qui il appartiendra de statuer dans chaque cas particulier sauf recours au Conseil d'Etat.

TITRE II.

A) Constatation des accidents.

Art. 3. Dès qu'un accident susceptible d'occasionner une incapacité de travail quelconque, temporaire ou permanente, vient à se produire, il doit être établi un certificat d'origine de blessure conforme au modèle n° 13 de l'instruction C pour l'application du décret du 26 février 1897.

Ce certificat relate :

1° La cause, la nature et les circonstances de l'accident ;
2° Les noms, la profession et l'âge de la victime ;
3° La nature des lésions.

La partie rédigée par les témoins ne doit contenir que la relation complète des faits qu'ils ont vus, en s'abstenant de toute indication médicale technique. C'est au médecin qu'il appartient de mentionner, dans la partie qui lui est réservée, le siège et la nature des lésions. Après avoir décrit minutieusement les lésions immédiates résultant de l'accident invoqué, le médecin devra, pour se conformer au 2° alinéa de l'article 11 de la loi, indiquer « les suites probables de l'accident et l'époque à laquelle il sera possible d'en connaître le résultat définitif » ; mais il devra se montrer très prudent dans cette appréciation et faire pour l'avenir toutes les réserves utiles.

Art. 4. Le certificat d'origine doit être établi aussitôt après l'accident ; à cet effet, des ordres devront être donnés pour que les chefs d'atelier, chefs d'équipe ou chefs de chantiers signalent immédiatement tout accident qui viendrait à se produire dans leur service, alors même qu'il ne leur paraîtrait pas, au premier

---

(1) Tout ce qui se rapporte dans la présente instruction au chef d'établissement s'applique au chef du génie pour les chantiers du génie et à l'officier d'administration gestionnaire pour les magasins du service de l'intendance et du service de santé.

abord, devoir entraîner des conséquences sérieuses. Il arrive parfois, en effet, qu'un ouvrier se plaint d'une hernie, d'un phlegmon ou toute autre lésion qu'il rapporte à un accident sans gravité apparente, dont il aurait été victime quelque temps auparavant; il importe de pouvoir contrôler son dire.

Si, par exception, le certificat d'origine ne pouvait être dressé aussitôt après l'accident, il y aurait lieu de le compléter par :

1º L'indication des motifs qui n'ont pas permis de l'établir plus tôt;

2º La situation de l'intéressé depuis l'accident;

3º Les faits et témoignages susceptibles de lui donner le caractère d'authenticité indispensable.

L'action en indemnité étant prescrite par un an à dater du jour de l'accident (article 18 de la loi), il y aura lieu d'opposer un refus formel à l'établissement de tout certificat d'origine demandé après ce délai.

Art. 5. Quand un même accident aura fait plusieurs victimes, il sera établi un certificat d'origine distinct pour chacune d'elles.

Le certificat sera immédiatement classé dans un bordereau du modèle ci-joint. On y classera de même successivement toutes les pièces relatives à l'accident et à ses conséquences pour l'ouvrier : expédition du rapport du chef d'établissement (article 7), certificats de visite et contre-visite (article 13), décisions ministérielles (article 15), jugements rendus (article 17), etc.

On aura ainsi, dans un même document, l'historique complet de l'accident.

Ces bordereaux reçoivent un numéro d'ordre et sont conservés dans un registre spécial; les pièces qui le composent ne devront jamais en être distraites; il ne pourra en être délivré que des copies ou des extraits.

B) Déclarations a faire.

Art. 6. Conformément à l'article 11 de la loi, tout accident ayant entraîné une incapacité de travail doit être déclaré, dans les quarante-huit heures, au maire de la commune.

A cet effet, le chef d'établissement adressera immédiatement une déclaration au maire, avec une copie certifiée conforme du certificat d'origine; mais il lui rappellera que la surveillance des établissements militaires de toute nature, incombant exclusivement au Ministre de la guerre, en vertu de la loi du 8-10 juillet 1791 et du décret du 24 décembre 1811, il n'y a pas lieu de donner avis aux inspecteurs du travail.

Le maire devra donner un récépissé de la copie du procès-verbal qui lui aura été remise.

Art. 7. Lorsque, d'après le certificat médical, la blessure paraît devoir entraîner la mort ou une incapacité permanente absolue ou partielle do travail, le maire transmet immédiatement la copie de la déclaration et le certificat médical au juge de paix, qui doit procéder à une enquête (article 12 de la loi) et la transmettre au président du tribunal.

Pour faciliter cette enquête et conformément au 5e alinéa de l'article 13, le chef d'établissement adressera directement un rapport circonstancié au juge de paix.

Ce rapport indiquera si l'accident est une conséquence fortuite des risques professionnels ou fera ressortir d'une façon précise les responsabilités engagées s'il en existe, de manière à pouvoir soit mettre les tiers en cause (article 7 de la loi), soit faire toutes réserves utiles au sujet du calcul des indemnités à allouer (article 20 de la loi).

En cas de décès, le rapport devra mentionner la situation de famille de la victime et les ayants droits connus susceptibles de bénéficier des dispositions de l'article 3, §§ A, B et C, de la loi.

Art. 8. On remarquera que la loi n'assigne aucun délai au président du tribunal pour constater l'accord intervenu entre les parties, ni au tribunal pour statuer sur l'indemnité en cas de désaccord, et il est de l'intérêt de tous de ne considérer la cause comme réellement en état que lorsqu'il sera possible de se prononcer sur les conséquences de l'accident.

Le chef de l'établissement spécifiera donc dans son rapport que, conformément aux instructions ministérielles et au paragraphe 4 de l'article 16 de la loi, l'intéressé recevra une indemnité temporaire égale à la moitié de son salaire jusqu'au règlement de l'indemnité qui lui sera allouée, et il insistera pour que le président, ou le tribunal, suivant le cas, veuillent bien surseoir à statuer jusqu'au jour où l'état de santé de l'ouvrier permettra d'apprécier l'incapacité dont il doit rester atteint.

Art. 9. Si, après avoir reçu le dossier relatif à l'accident, ou avoir été saisi directement par l'ouvrier intéressé, le juge de paix ou le président du tribunal jugent à propos, pour procéder à un complément d'enquête, de convoquer le chef d'établissement, celui-ci devra répondre à la convocation, soit directement, soit par un représentant, et fournir dans les renseignements demandés.

Il facilitera de même la comparution de tout le personnel sous ses ordres que le juge désirerait entendre; mais, conformément au paragraphe 5 de l'article 13, il ne devra autoriser l'entrée de l'établissement qu'après en avoir référé au Ministre (Direction d'arme).

TITRE III.

FIXATION DES INDEMNITÉS.

A) Incapacité temporaire.

Art. 10. En cas d'incapacité temporaire de travail, l'ouvrier a droit, conformément à l'article 3 de la loi, à une indemnité journalière égale à la moitié du salaire touché au moment de l'accident si l'incapacité de travail a duré plus de quatre jours et à partir du cinquième jour.

Par mesure de bienveillance, le demi-salaire sera alloué dès le lendemain de l'accident; il se continuera jusqu'au jour où l'ouvrier pourra reprendre son travail; toutefois, cette allocation ne pourra être prolongée au delà de six mois sans en référer au Ministre, qui décidera s'il y a lieu de la continuer ou si l'ouvrier doit être considéré comme atteint d'incapacité permanente.

Si, dans certains cas spéciaux, les chefs d'établissement jugeaient à propos d'allouer aux ouvriers une indemnité journalière supérieure au demi-salaire, ils devraient en faire au Ministre la proposition motivée.

En outre, les soins médicaux gratuits seront donnés conformément à l'instruction C pour l'application du décret du 26 février 1897.

Les dispositions nécessaires à cet effet seront prises avant l'ouverture des chantiers temporaires de travaux de construction exécutés en régie, auxquels le décret du 26 février 1897 n'est pas applicable dans son ensemble, en se référant, par analogie, aux prescriptions de l'article 4 de l'instruction précitée et en organisant immédiatement la visite médicale d'admission dans les conditions prévues à l'article 2 de ladite instruction.

Cette visite ne devra pas toutefois entraîner, comme conséquence, la non-acceptation des candidats. Les prédispositions constitutionnelles qui pourraient être constatées chez eux ne sauraient, en effet, suffire à motiver cette élimination, en raison du caractère essentiellement transitoire et momentané de leur emploi sur les chantiers dont il s'agit.

Art. 11. Si l'ouvrier blessé reprend son travail avant d'être complètement rétabli et ne peut, par suite de circonstances exceptionnelles, recevoir le même salaire qu'avant l'accident, il lui sera alloué une indemnité journalière égale à la demi-différence entre son salaire actuel et le salaire qu'il gagnait avant l'accident.

Cette indemnité sera supprimée dès que l'ouvrier aura recouvré son salaire normal.

Art. 12. Les contestations relatives aux frais de maladie et aux indemnités temporaires seront sans doute extrêmement rares. Dans le cas où elles viendraient à se produire, elles doivent être jugées en dernier ressort par le juge de paix du canton où l'accident s'est produit, quelle que soit le chiffre de la demande (art. 15 de la loi).

C'est au chef de l'établissement qu'il appartiendra d'intervenir soit comme demandeur, soit comme défendeur, sans qu'il ait besoin pour cela d'une autorisation préalable du Ministre.

B) Incapacité permanente.

Art. 13. Dans le cas d'incapacité permanente, aussitôt que le médecin traitant jugera possible d'établir un certificat définitif et, au plus tard, dans le sixième mois qui suivra l'accident, il sera procédé à un examen de l'ouvrier blessé par deux médecins, dont l'un sera le médecin traitant, et l'autre sera, à moins d'exception soumise au Ministre, un médecin militaire désigné par le commandant d'armes.

Ils établiront, l'un, un certificat de visite modèle 14 de l'instruction C pour l'application du décret du 26 février 1897 et, l'autre, un certificat de contre-visite modèle 14 *bis*.

Le chef d'établissement devra assister à la visite ou s'y faire représenter.

Après avoir pris connaissance du certificat d'origine, les médecins devront examiner l'ouvrier :

1o Au point de vue de la gravité des lésions:

Ils s'attachent à décrire d'une manière détaillée le siège et la nature de l'affectation, en insistant avec le plus grand soin sur les altérations organiques, de façon à permettre, aux personnes appelées à émettre leur opinion sur le vu des pièces, d'avoir sous les yeux un tableau aussi exact que possible.

Ils donnent des mensurations précises, des indications nettes sur la forme, le volume, la force, la situation du membre ou de la partie du corps soumis à leur examen. Toutes les fois que les circonstances le permettent, ils procèdent à une nouvelle exploration des organes des sens directement intéressés et en consignent le résultat dans cette partie du certificat.

2° Au point de vue de la relation de cause à effet :

Ils s'attachent à établir en s'appuyant sur les données anatomiques, si le fait rapporté par le certificat d'origine est bien, médicialement parlant, le point de départ de l'infirmité qu'ils ont mission d'apprécier.

3° Au point de vue de l'impotence fonctionnelle;

Bien que la loi du 9 avril 1898 n'emploie que le terme « réduction de salaire », il est évident qu'elle a voulu en réalité viser « la réduction de capacité de travail ».

Les médecins s'attacheront donc à faire ressortir la diminution de capacité de travail subie par l'intéressé, évaluée autant que possible en fraction de sa capacité normale, telle qu'elle existait avant l'accident. Ils tiendront compte pour cette appréciation, d'ailleurs très délicate, des indications fournies sur l'ouvrier par le registre médical d'admission modèle n° 8 de l'instruction C.

Les certificats de visite et de contre-visite sont établis en double expédition, dont une doit rester aux archives de l'établissement.

Art. 14. Dès que les certificats médicaux ont pu être établis, le chef de l'établissement adresse au Ministre (Direction du Contentieux) :

1° Une copie du certificat d'origine ;

2° Une copie du rapport qu'il a établi en vertu de l'article 7 de la présente instruction ;

3° Une expédition des certificats de visite et de contre-visite ;

4° Une note faisant ressortir le salaire gagné par l'ouvrier avant l'accident, tel qu'il est défini aux articles 8 et 10 de la loi ; le salaire qu'il sera encore susceptible de gagner à l'établissement s'il y est conservé ; celui qu'il pourrait encore vraisemblablement gagner dans l'industrie civile, et ses propositions au sujet de l'indemnité à allouer conformément aux paragraphes 1 et 2 de l'article 3 de la loi.

Il est bon de rappeler que la loi n'est applicable aux salaires supérieurs à 2.400 francs que jusqu'à concurrence de cette somme, le surplus ne donnant droit qu'au quart des rentes stipulées à l'article 3 de la loi.

Art. 15. Après avoir pris, s'il y a lieu, l'avis du comité technique de santé, le Ministre fixe l'indemnité viagère qu'il juge devoir être offerte à l'ouvrier et retourne au chef d'établissement le dossier communiqué.

Celui-ci fait aussitôt connaître à l'ouvrier la décision du Ministre ; en cas d'acceptation, il en retire un reçu ; en cas contraire, il se fait donner un refus écrit ou fait dresser procès-verbal par l'agent qui a notifié à l'intéressé la décision du Ministre.

Le dossier ainsi complété est adressé dans le plus bref délai au président du tribunal, qui, suivant le cas, donne acte de l'accord ou saisit le tribunal, conformément au 3° alinéa de l'article 16 de la loi.

Art. 16. Il serait possible que, malgré la demande adressée par le chef d'établissement, le président ou le tribunal, suivant le cas, voulussent statuer conformément aux droits que leur confère l'article 16 de la loi, avant que le Ministre ait pu se prononcer comme il est dit à l'article précédent.

Dans ce cas, le chef d'établissement devra faire établir d'urgence les pièces du dossier énumérées à l'article 14 sous les n°s 3 et 4 et les adresser au président du tribunal en même temps qu'il en fera parvenir une autre expédition au Ministre.

Il s'efforcera de nouveau d'obtenir la remise de l'affaire, et, s'il ne peut réussir, il évitera de faire ou d'accepter aucune offre, de manière à laisser au Ministre toute latitude en cas d'appel.

Art. 17. Dans tous les cas, dès que le président a donné acte de l'accord intervenu avec l'ouvrier, ou dès que le tribunal a fixé l'indemnité allouée, le chef d'établissement en informe le Ministre (Direction du Contentieux) en donnant son avis sur l'opportunité de faire appel de la décision du tribunal (article 17 de la loi). Il y joint toutes les indications nécessaires.

Art. 18. Lorsqu'il y aura lieu de mettre la responsabilité des tiers en cause, le Ministre, en renvoyant au chef d'établissement le dossier de l'affaire conformément à l'article 15 de l'instruction, lui donnera les indications nécessaires pour les instances à ouvrir.

Il en sera de même en cas d'appel.

Art. 19. Lorsque le tribunal aura reconnu que la victime a intentionnellement provoqué l'accident ou a commis une faute inexcusable, il appartiendra au chef d'établissement de prendre, à l'égard de l'ouvrier, les mesures disciplinaires qu'il jugera utiles.

Art. 20. Dès que la rente viagère aura été attribuée à l'ouvrier, il cessera de recevoir les soins médicaux gratuits, à moins qu'il ne soit conservé dans l'établissement, comme il sera dit à l'article 23.

G) Décès.

Art. 21. En cas de décès d'un ouvrier par suite d'un accident, il y aura lieu, si le décès n'est pas survenu immédiatement, de faire établir les certificats médicaux comme il est prescrit à l'article 13 de l'instruction, pour faire constater que le décès résulte réellement de l'accident. Conformément à l'article 19 de la loi, si le décès se produit plus de trois ans après l'accord ou le jugement intervenus, il ne saurait établir de droits pour les héritiers.

Le chef d'établissement se conformera du reste pour l'établissement et les transmissions du dossier aux prescriptions des articles précédents, mais la note prévue au paragraphe 4 de l'article 14 de l'instruction devra donner les noms et prénoms de tous les ayants droit avec tous actes de l'état civil nécessaires pour justifier leurs droits (1).

---

(1) Les actes d'état civil à produire sont : acte de mariage, acte de décès de la victime, actes de naissance des enfants mineurs *au-dessous de 16 ans*, pour la justification des droits de la veuve et des enfants mineurs ; actes de naissance et de décès de la victime pour la justification des droits des ascendants ; acte de naissance établissant la descendance des petits-enfants pour la justification des droits des descendants : ces actes pourront être produits sur papier libre et être, en cas d'impossibilité absolue, suppléés par des actes de notoriété.

Les frais funéraires sont à la charge de l'Etat jusqu'à concurrence du chiffre maximum de 100 francs, conformément à l'article 4 de la loi.

DÉLAIS DE PRESCRIPTION.

Art. 22. Aux termes de l'article 18 de la loi, l'action en indemnité se prescrit par un an à dater du jour de l'accident. Il ne peut être évidemment question ici que de l'indemnité viagère résultant d'une incapacité permanente de travail, puisque l'indemnité temporaire est payée immédiatement dans les jours de chômage qui suivent l'accident.

Par suite, tout ouvrier qui se dira victime d'un accident ayant ou non entraîné l'allocation d'une indemnité temporaire pourra, dans l'année qui suivra l'accident, demander une indemnité viagère basée sur une incapacité permanente, totale ou partielle.

Si l'accident a été régulièrement constaté par procès-verbal, le chef d'établissement agira comme il est dit aux articles 13 et suivants.

Si, au contraire, l'accident n'a pas été régulièrement constaté au moment où il s'est produit, il appartiendra à l'ouvrier de faire la preuve que l'accident a réellement eu lieu, et c'est seulement lorsque cette preuve aura été faite et le certificat d'origine établi qu'il sera donné suite à l'examen de la demande dans les formes ordinaires.

MAINTIEN DE L'OUVRIER DANS L'ÉTABLISSEMENT.

Art. 23. Aux termes de l'article 21 de la loi, les parties peuvent toujours, après détermination du chiffre de l'indemnité due à la victime de l'accident, décider que le service de la pension sera suspendu et remplacé tant que l'accord subsistera par tout autre mode de réparation.

Le mode de réparation le plus moral et en même temps le plus avantageux pour l'ouvrier sera évidemment d'être conservé au service de l'Etat, tant qu'il paraîtra susceptible d'y rendre des services. Mais on ne doit pas perdre de vue que la loi actuelle, dérogeant aux conditions générales du droit commun, constitue, entre l'ouvrier et le chef d'entreprise, un véritable compromis, d'après lequel : 1º d'une part, tout accident considéré comme le fait d'un risque professionnel donne droit à une indemnité alors même qu'il n'y a pas faute du chef d'entreprise, et 2º d'autre part, l'indemnité est calculée, non d'après le préjudice réel, mais exclusivement d'après la diminution de salaire.

Il est par suite légitime que, si d'un commun accord l'ouvrier reste au service du chef d'entreprise, celui-ci ne paye qu'une indemnité proportionnée au salaire qu'il maintient à l'ouvrier après l'accident.

. En conséquence, tout ouvrier victime d'un accident pourra s'il le désire, et si le chef d'établissement le juge possible, être conservé dans l'établissement après la détermination du chiffre de l'indemnité qui lui est due, fixée comme il est dit plus haut.

On pourrait n'allouer à l'ouvrier ainsi conservé que le salaire ayant servi de base à la liquidation de son indemnité, mais il paraît préférable de lui attribuer un salaire conforme aux services qu'il est capable de rendre, et de ramener, pendant son séjour à l'établissement, l'indemnité viagère à la moitié de la réduction que le salaire (1) aura réellement subie.

On évitera ainsi d'avoir des ouvriers embauchés à des taux différents pour des services analogues, et on respectera mieux la spécialité des crédits budgétaires tout en sauvegardant davantage l'intérêt des ouvriers.

On opérera de même lorsqu'un ouvrier en possession d'une rente viagère par suite d'un accident de travail survenu dans un établissement de la guerre demandera à être embauché de nouveau, soit dans le même établissement, soit dans un autre.

Ces réductions seront faites conformément aux dispositions des articles 31, 33 et 34 qui suivent.

L'ouvrier devra acquiescer par écrit à ces conditions, sinon il sera licencié ou ne sera pas embauché, suivant le cas.

REVISION DE L'INDEMNITÉ.

Art. 24. Aux termes de l'article 19 de la loi, la demande en revision de l'indemnité, fondée sur une aggravation ou une atténuation de l'infirmité de la victime ou son décès par suite des conséquences de l'accident, est ouverte pendant trois ans à dater de l'accord intervenu entre les parties ou de la décision du tribunal.

Pour l'application de cet article, il y aura lieu de se conformer aux dispositions suivantes.

Art. 25. Dans les six derniers mois de la troisième année, le Ministre adresse, par l'intermédiaire du général commandant le corps d'armée, le dossier de l'intéressé au général commandant la subdivision de son domicile.

Le général convoque l'ouvrier à l'hôpital de la ville de garnison la plus rapprochée et désigne deux médecins militaires pour procéder à son examen.

En cas d'insuffisance de médecins militaires, l'un des deux pourra être un médecin civil de la localité.

Si l'ouvrier est présent dans un établissement, il appartiendra

---

(1) Dans le cas de travail à la pièce, le salaire dont il est ici question sera le salaire normal auquel l'ouvrier est embauché; il appartiendra aux chefs d'établissement de l'établir de manière qu'il s'écarte le moins possible du gain réalisé par l'ouvrier.

au chef de l'établissement de provoquer la convocation et de faire parvenir le dossier.

Les certificats médicaux sont établis en double expédition, conformément aux dispositions de l'article 13 de la présente instruction ; une expédition est adressée au Ministre (Direction du Contentieux) et l'autre au chef d'établissement où l'accident s'est produit, par l'intermédiaire du général commandant le corps d'armée.

Art. 26. En dehors de cette visite obligatoire, le Ministre pourra toujours, si l'ouvrier a été signalé comme guéri, le faire visiter à telle époque qu'il jugera convenable dans la limite du délai de trois ans imparti à l'article 19 de la loi.

Il pourra de même faire procéder par la gendarmerie à toute enquête utile.

Art. 27. S'il y a lieu à revision, ou si l'ouvrier convoqué ne s'est pas présenté à l'effet de se faire examiner, le Ministre (Direction du Contentieux) donnera les instructions nécessaires pour le faire assigner devant le juge de son domicile.

Si la revision est demandée par l'ouvrier, le chef d'établissement saisi soit par l'intéressé, soit par le tribunal, en référera immédiatement au Ministre (Direction du Contentieux).

Dans le cas où il serait assigné avant d'avoir reçu du Ministre les instructions nécessaires, le chef d'établissement se conformera au dernier alinéa de l'article 16.

PAIEMENT DES INDEMNITÉS.

A) Incapacité temporaire.

Art. 28. Les indemnités attribuées aux ouvriers en cas d'incapacité temporaire sont payées aux ouvriers dans les mêmes conditions que le salaire habituel, et la dépense est supportée par le budget du service.

Art. 29. Les soins médicaux seront aussi supportés par le budget du service dans les conditions prévues à l'instruction C pour l'application du décret du 26 février 1897, et cela quelle que soit la nature de l'incapacité.

B) Incapacité permanente.

Art. 30. Les indemnités temporaires payées à l'ouvrier en conformité de l'article 15 de la loi jusqu'au règlement définitif de la rente viagère à laquelle il a droit, seront aussi payées comme le salaire et supportées par le budget du service.

Art. 31. Dès le règlement provisoire de la rente viagère, deux cas peuvent se présenter :

a) L'ouvrier est conservé à l'établissement. Dans ce cas, l'indemnité qui lui est allouée, conformément à l'article 23 (5e alinéa), lui sera payée par les soins de l'établissement dans les mêmes conditions que le salaire, mais sur des états d'émargement spéciaux. Ces indemnités ne donneront lieu à aucun versement à la caisse nationale des retraites.

En fin d'année, chaque établissement dressera l'état nominatif des sommes ainsi payées dans le courant de l'exercice et l'adressera au Ministre (Direction d'arme) avec une expédition des états émargés. Chaque direction dressera un état récapitulatif comprenant l'ensemble de ses établissements et le remettra à la Direction du contentieux et de la justice militaire, qui, après vérification, assurera le remboursement par les crédits du chapitre de la justice militaire aux divers chapitres qui ont supporté la dépense.

b) L'ouvrier quitte l'établissement. Dans ce cas il lui sera remis par le Ministre (Direction du Contentieux) un titre de rente provisoire payable trimestriellement par les soins de la caisse des dépôts et consignations dans les mêmes conditions que les pensions ou secours viagers réglés en conformité du décret du 26 février 1897.

Art. 32. A l'expiration du délai de trois ans prévu à l'article 19 de la loi, la rente viagère, revisée ou non, devient définitive et ne peut plus donner lieu à revision.

L'ouvrier doit être mis en demeure de faire connaître par écrit s'il entend bénéficier des dispositions de l'article 9 de la loi, et dans l'affirmative il lui appartiendra de produire l'autorisation du tribunal, conformément au dernier alinéa de cet article 9.

Il peut aussi, sans autorisation du tribunal, demander que le capital de la rente lui soit attribué lorsque cette rente est inférieure à 100 francs.

Dans ces divers cas, la direction du contentieux fait ordonnancer au profit de l'ouvrier le capital qui lui revient et liquide les rentes (rente viagère ordinaire ou rente viagère reversible) à laquelle il a droit.

Le titre de rente viagère remis à l'ouvrier est payé par la caisse des dépôts et consignations dans les mêmes conditions que les pensions ou secours viagers réglés en conformité du décret du 26 février 1897.

Ces dispositions s'appliquent aussi bien aux ouvriers conservés dans l'établissement qu'à ceux qui l'auront quitté.

Art. 33. Si l'ouvrier reste dans l'établissement et que son salaire soit supérieur à celui qui a servi de base à la fixation de l'indemnité, il devra, conformément à l'article 23 de l'instruction, consentir sur son salaire une retenue égale à la moitié de la différence entre ces deux salaires.

Soit S le salaire qu'il avait avant l'accident,

S^1 le salaire ayant servi de base au calcul de l'indemnité après l'accident,

S^2 le salaire payé à l'ouvrier, supposé supérieur au précédent S^1.

L'indemnité à laquelle il pourrait légitimement prétendre est

$$\frac{S - S^2}{2}.$$

Il lui a été alloué

$$\frac{S - S^1}{2}.$$

La retenue à lui faire subir sera

$$\frac{S - S^1}{2} - \frac{S - S^2}{2} = \frac{S^2 - S^1}{2}.$$

On opérera de même pour les ouvriers déjà titulaires d'une rente viagère embauchés dans les conditions de l'article 23 de l'instruction.

Art. 34. Les retenues prévues à l'article précédent seront opérées, suivant les cas, par quinzaine ou par mois sur le salaire de l'ouvrier ; elles figureront dans une colonne à part sur les états de paiement ou sur les états récapitulatifs.

Les versements à la caisse de la vieillesse pourront s'exercer, soit sur le salaire brut, soit sur le salaire réduit, suivant la demande qu'en fera l'intéressé ; la part contributive de l'Etat sera toujours égale au versement de l'ouvrier.

Pour éviter des complications d'écritures, il pourra être préférable de comprendre tous les ouvriers de cette catégorie sur un même état, quel que soit l'atelier auquel ils appartiennent.

L'état des retenues ainsi exercées est adressé annuellement au Ministre (Direction d'arme): ces états sont récapitulés par service et les sommes sont rétablies au crédit de la justice militaire, qui a supporté le paiement des rentes viagères.

Art. 35. Il est à remarquer que, dans le cas d'incapacité absolue et permanente, la victime a droit à une rente égale aux 2/3 de son salaire annuel et qu'en conformité de l'avant-dernier alinéa de l'article 16 de la loi, il ne lui a été attribué que la moitié de ce salaire depuis le jour de l'accident jusqu'au jour de la décision intervenue.

Le rappel de la différence sera mandaté à l'intéressé par les soins et sur les fonds de la justice militaire.

Art. 36. En cas d'incapacité absolue et permanente dûment constatée sans qu'il soit possible d'espérer une amélioration quelconque, perte des deux yeux, amputation de deux membres, etc., le Ministre pourra délivrer le titre de rente viagère définitif sans attendre le délai de trois ans.

C) Décès.

Art. 37. En cas de décès résultant de l'accident et survenu dans les délais impartis à l'article 19 de la loi, les ayants-droit prévus à l'article 3 recevront, par les soins de la Direction du contentieux, un titre de rente permanent pour le conjoint et les ascendants, temporaire pour les enfants et descendants, payable par la caisse des dépôts et consignations dans les conditions habituelles. Le titre délivré au conjoint mentionnera qu'en cas de nouveau mariage, la rente cessera d'être payée et qu'il sera alloué, dans ce cas, le triple de cette rente à titre d'indemnité totale.

ABROGATION DE CERTAINES DISPOSITIONS DU DÉCRET DU 26 FÉVRIER 1897.

Pension d'invalidité.

Art. 38. La loi actuelle modifiant toutes les dispositions antérieures, les pensions d'invalidité prévues à l'article 11 du décret du 26 février 1897 cesseront d'être applicables aux accidents du travail.

Par suite, lorsqu'un commissionné ou auxiliaire victime d'un accident ayant donné lieu à la constitution d'une rente viagère demandera à faire liquider sa pension d'invalidité dans les conditions de l'article 11 du décret précité, l'Etat n'aura plus à compléter, jusqu'à 500 francs pour les hommes et 360 francs pour les femmes, la pension provenant des versements à la caisse nationale des retraites.

Toutefois, ce complément sera payé si les deux rentes viagères réunies n'atteignent pas ce chiffre et jusqu'à concurrence de ce chiffre.

Pension de veuve.

Art. 39. Lorsque la veuve d'un ouvrier décédé à la suite d'un accident fera liquider la pension à laquelle elle a droit en vertu de l'article 12 du décret du 26 février 1897, le complément prévu à cet article ne lui sera attribué que si les deux rentes réunies n'atteignent pas le chiffre de trois cent soixante francs et jusqu'à concurrence de ce chiffre.

En cas de nouveau mariage, la veuve cesse d'avoir droit à la retraite prévue par la loi du 9 avril 1898 et il lui est alloué à titre d'indemnité totale le triple de cette rente. Par suite, trois ans après son second mariage, la veuve pourra réclamer le complément de rente total prévu à l'article 12 du décret du 26 février 1897, puisqu'il a été admis que la pension de veuve énoncée dans ce décret n'était pas révocable par un nouveau mariage.

Pension d'orphelin.

Art. 40. Il ne sera provisoirement rien changé aux dispositions du décret du 26 février 1897 en ce qui concerne les secours aux orphelins.

Art. 41. Les dispositions de l'article 20 du décret du 26 février 1897 deviennent sans objet.

Fait à Paris le 25 mai 1899.

Loi relative à la résiliation des polices d'assurances souscrites par les chefs d'entreprises soumis à l'application de la loi du 9 avril 1898 sur les accidents.

LE SÉNAT ET LA CHAMBRE DES DÉPUTÉS ONT ADOPTÉ,

LE PRÉSIDENT DE LA RÉPUBLIQUE PROMULGUE LA LOI dont la teneur suit :

Article unique. Pendant une période d'un an à partir du jour de la promulgation de la présente loi, les polices d'assurances-accidents concernant les industries prévues à l'article 1er de la loi du 9 avril 1898, et antérieures à cette loi, pourront être dénoncées par l'assureur ou par l'assuré au moyen d'une déclaration au siège social ou chez l'agent local dont il sera donné récépissé, soit par acte extrajudiciaire.

Les polices non dénoncées dans ce délai seront régies par le droit commun.

La présente loi, délibérée et adoptée par le Sénat et par la Chambre des députés, sera exécutée comme loi de l'Etat.

Fait à Paris, le 29 juin 1899.

ÉMILE LOUBET.

Par le Président de la République :

*Le Ministre du commerce, de l'industrie,
des postes et des télégraphes,*

A. MILLERAND.

Paris et Limoges — Imprimerie militaire Henri CHARLES-LAVAUZELLE.

Paris et Limoges. — Imprimerie militaire Henri CHARLES-LAVAUZELLE.